Inhalt

Kreditklemme bei deutschen Banken

Kernthesen

Beitrag

Fallbeispiele

Weiterführende Literatur

Impressum

GENIOS WirtschaftsWissen Nr. 07/2003 vom 02.07.2003

Kreditklemme bei deutschen Banken

G.Dengl

Kernthesen

- Die Rekordzahl an Unternehmenspleiten bringt für die Banken so hohe Kreditausfälle mit sich, dass kaum noch Geld für neue Kredite zur Verfügung steht.
- Die Banken beschäftigen sich derzeit sehr stark mit der Frage, wie sie ihr Kredit-Portfolio bereinigen können, und wie sie am besten mit notleidend gewordenen Krediten umgehen sollen.
- Intensive Betreuung von "non-performing loans" (z. B. über die Gründung einer "bad bank"), sowie die Verbriefung von Kreditforderungen (z. B. über Asset Backed Securities) sind zwei der aktuell diskutierten

Wege zum Umgang mit Problemkrediten.

Beitrag

Die Zahl der Unternehmenspleiten wird nach aktuellen Schätzungen des Vereins Creditreform auch dieses Jahr wieder ein Rekordniveau erreichen. Markierte diese erschreckende Zahl von ca. 37.000 Pleiten im letzten Jahr die bisherige Höchstgrenze, so wird sie dieses Jahr mit erwarteten 40.000 bis 42.000 wohl noch übertroffen. Ganz davon abgesehen, was eine Firmenpleite für die direkt Betroffenen bedeutet, sind aufgrund der hohen Anzahl auch die gesamtwirtschaftlichen Effekte immens. Zum einen gehen Arbeitsplätze verloren, zum anderen gehen aber die Gläubiger eines Unternehmens ihrer Einlagen verlustig. Dabei handelt es sich hauptsächlich um Lieferanten, die noch nicht bezahlte Ware bereits geliefert haben, und Kreditgeber. (14)

Gerade die Banken werden von den nicht zurückbezahlten Krediten nun immer stärker belastet. Ist ein einzelner Kreditausfall bisher zwar ein lästiges Ereignis aber dennoch ein stets beherrschbares Risiko gewesen, so droht die hohe Zahl der Unternehmenspleiten die Geldhäuser in eine ernste finanzielle Notlage zu bringen. Da derart hohe

Kreditausfälle nicht prognostizierbar und kontrollierbar sind, wurden auch entsprechende Rücklagen nicht gebildet. Die Banken wurden von der Pleitewelle derart überrascht, dass die Risikovorsorge über die letzten drei Jahre immer wieder aufgestockt werden musste und mit den immer größer werdenden Verlusten dennoch nicht Schritt halten konnte. Dabei müssen sich vor allem große Banken vorwerfen lassen das Risikomanagement sowie die Installation von seit langem vorhandenen Risiko-Controlling-Instrumenten bisher sträflich vernachlässigt zu haben. (14) In den Bilanzen des Jahres 2001 ließen sich die Verluste noch durch Bilanzkosmetik herunterspielen, bereits im Jahr 2002 wurde das Ausmaß der Belastung bei allen großen deutschen Geldhäusern deutlich sichtbar, und für 2003 wird ein erneuter Anstieg erwartet - nur dass dieses Jahr die eisernen Reserven bereits aufgebraucht sind!

Deshalb ist es durchaus verständlich wenn die Banken den Geldhahn vorerst zudrehen. Was bisher vernachlässigt wurde, wird in der Not nun exzessiv betrieben: die Prüfung der Bonität der Kreditnehmer. Basel II zwingt ohnehin zu einer dezidierteren Prüfung als bisher; je umfangreicher die Prüfung und je geringer die Ausfallwahrscheinlichkeit, desto weniger vom knappen Eigenkapital ist zu hinterlegen. Einiges spricht jedoch dafür, dass die Banken noch genauer hinsehen werden als von Basel II gefordert.

Sie sind damit beschäftigt die eigenen Verluste aufzufangen und haben wenig Geld übrig, das für Kredite zur Verfügung gestellt werden könnte. (15)

Dieser Text beschreibt welche Maßnahmen derzeit vor allem von den Banken ergriffen werden um faule Kredite zu managen und mittelfristig die Kreditklemme in Deutschland wieder in den Griff zu bekommen.

Folgen der Kreditklemme

Was war zuerst da - die Henne oder das Ei? Eine ähnlich gelagerte Frage ist, ob die Kreditklemme eine Folge der andauernden Pleitewelle ist, oder ihre Ursache. Zur Zeit ist es besonders für den Sektor der kleineren und mittleren Unternehmen (KMU) besonders schwer ein Bankdarlehen zu bekommen. Gerade diese Unternehmen verfügen aber oft über keine Alternative der Kapitalaufbringung und sind in starkem Maße von Krediten abhängig. In einer Zeit in der die Zahlungstermine immer weiter gestreckt werden, in der die Bonität der Geschäftspartner sich über Nacht verschlechtern kann, ist selbst für gesunde aber kapitalschwache KMU ein Überbrückungskredit oft überlebensnotwendig. Wird dieser nicht gewährt, dann ist damit der nächste

Zahlungsausfall, im schlimmsten Fall die nächste Pleite, oft bereits besiegelt. (3), (14)

Da die deutsche Mittelstandsbank noch nicht so richtig greift, wurden vereinzelt bereits Vorstöße unternommen um alternative Quellen der Kapitalbeschaffung speziell für diesen Gläubigerkreis zu finden, bisher allerdings mit verhaltenem Erfolg. (3)

Wie Banken die Bonität beurteilen

Zur Beurteilung der Bonität ergeben sich grundsätzlich zwei Möglichkeiten. Zum einen kann die Bank das kreditsuchende Unternehmen selbst bewerten (internes Rating), zum anderen kann sich die Bank auf eine Beurteilung durch unabhängige Dritte, z.B. Rating-Agenturen verlassen (externes Rating).
Letzteres ist nach Basel II bei Anwendung des Standardsatzes vorgesehen. (4) Ein solches Rating ist für die Bank kostenlos, weil sie es nicht selbst erstellen muss. Unter den drei erlaubten Rating-Methoden, die nach Basel II zugelassen sind, ist bei diesem Ansatz allerdings grundsätzlich ein höherer Eigenkapitalanteil zu hinterlegen als bei den übrigen

beiden.

Für die Unternehmen bedeutet das, das sie die nicht unerheblichen Kosten des Ratings selbst tragen müssen. (11) Dies dürfte speziell für kleinere und mittlere Unternehmen kaum machbar sein. Sie werden sich wohl oder übel einem internen Rating der Bank unterziehen müssen.

Ein internes Rating durchzuführen ist jedoch für die Banken zunächst mit höheren Kosten verbunden. Dem stehen allerdings die beiden Vorteile gegenüber, dass man sich auf das Rating-Ergebnis stärker verlassen kann, und dass durch die Anwendung einer der beiden von Basel II erlaubten IRB-Ansätze (Internal Ratings Based Approach), unter Umständen für den gleichen Kredit weniger Kapital hinterlegt werden muss. (4)

Externe Ratings haben vor allem über die letzen beiden Jahre viel Vertrauen eingebüßt; zum einen aufgrund unzutreffender Prognosen, zum anderen wegen der vielen bekannt gewordenen Fälle von Anlegerbetrug. (9) Um sich hier abzusichern, ziehen Banken derzeit das interne Rating vor.

Kapitalsuchenden Unternehmen sind davon wenig begeistert, kommen sie doch bei einem Bank-Rating, von dem die Kreditzusage direkt abhängt, oft schlechter weg, als beim Rating durch eine unabhängige Agentur, die im Zweifelsfall nichts zu verlieren hat. (5)

Fallbeispiele

1) Aareal Bank
Die aus der Aufspaltung der DePfa-Gruppe hervorgegangene Bank, die sich hauptsächlich mit Immobilienfinanzierung beschäftigt, hat im ersten Jahr seiner Eigenständigkeit den Gewinn verbessert. Für einen der zentralen Erfolgsfaktoren hält Vorstandsvorsitzender Karl-Heinz Glauner strikte Management von non-performing loans. Er will es im kommenden Jahr noch weiter ausbauen. (1), (2)

2) Dresdner Bank gründet eigene "bad bank"
Sollte jede Bank ihre notleidenden Kredite selbst versorgen, oder ist eine Branchenlösung effizienter? Beide Varianten haben Vor- und Nachteile, aber während über die eine Branchenlösung derzeit nur diskutiert wird, haben einige Banken schon konkrete Schritte zur Ausgründung aus dem eigenen Unternehmen gemacht. Die Dresdner Bank beispielsweise hat zum Jahresende 2002 ihre eigene "bad bank" gegründet. Unter der Leitung des schwedischen Kreditprofis Jan Eric Kvarnström soll die 200-Mann starke Truppe sich um faule Kredite im

Gesamtwert von 30 Milliarden Euro kümmern. (12)

3) Absicherung über Kreditderivate
Ein fester Bestandteil des Kreditrisikomanagements der Deutschen Bank ist seit kurzem die Anwendung von Kreditderivaten (sog. Credit Default Swaps). Auf diese Weise werden alle Kredite an internationale Großkunden mit einer Laufzeit von mehr als 180 Tagen gegen den Ausfall abgesichert. Diese Konstruktion stellt insofern ein Novum im Kreditgeschäft dar, als nun erstmalig das Kreditrisiko losgelöst vom Kredit gehandelt werden kann. (10), (8)

Weiterführende Literatur

(1) Aareal Bank vervierfacht Gewinn
aus netzeitung.de vom 14.04.2003

(2) Abspaltung zahlt sich für Aareal Bank aus Gewinn im ersten Jahr der Eigenständigkeit gesteigert - Stärkung des Eigenkapitals 2003 im Fokus
aus Börsen-Zeitung, 15.04.2003, Nummer 73, Seite 19

(3) GELD - AUCH IN DER KREDITKRISE Wachstum braucht Investitionen. Doch die Banken fahren ihre Kreditlinien herunter und legen die Vergabehürden immer höher. Was Unternehmer in dieser Situation tun können, um notwendige Vorhaben zu finanzieren.

Und wie sie aus eigener Kraft ihre Liquidität verbessern. / Redaktion: Marlene Brockmann
aus Impulse vom 01.06.2003, Seite 63

(4) Der einzelne Kredit kommt unter die Lupe Die bisher pauschalen Kapitalanforderungen fallen weg - Neue Kultur der Kreditrisikomessung
aus Börsen-Zeitung, 30.04.2003, Nummer 82, Seite 19

(5) Die Sicht der Banken ist manchmal einseitig
aus Frankfurter Allgemeine Sonntagszeitung, 01.06.2003, Nr. 22, S. M4

(6) Kreditinstitute und Unternehmenskrisen
aus Zeitschrift für das gesamte Kreditwesen Nr. 09 vom 01.05.2003 Seite 454

(7) EU prüft Verbriefungsgesellschaft Kommissar Mario Monti könnte Steuerbefreiung für das neue Institut als Beihilfe interpretieren
aus FTD Financial Times Deutschland vom 26.05.2003, Seite 19

(8) Schmalenbach-Chef rügt Assekuranz Forum-Präsident Clemens Börsig sieht Zukunft des Risikomanagements im Hedging
aus FTD Financial Times Deutschland vom 16.04.2003, Seite 18

(9) Wer ist der Beste im ganzen Land? Gute Analysten-Rankings müssen auf einer ganzheitlichen Evaluation beruhen

aus Börsen-Zeitung, 28.05.2003, Nummer 101, Seite B4

(10) "Mit dieser Volatilität können wir nicht leben" Risiko ist Thema der Schmalenbach-Tagung im Mai
aus Börsen-Zeitung, 03.04.2003, Nummer 65, Seite 5

(11) Oberholzer, R, Viel Geld für ein gutes Rating, NZZ am Sonntag, 11.05.2003, Nr. 19, S. 47
aus Börsen-Zeitung, 03.04.2003, Nummer 65, Seite 5

(12) Reitz, U., Eine für alle? Oder jeder für sich?, Welt am Sonntag, Jg. 55, 06.04.2003, Nr. 14, S. 29
aus Börsen-Zeitung, 03.04.2003, Nummer 65, Seite 5

(13) Schmidbauer, M., Refinanzierungskosten in unangenehmer Höhe / Handel mit Krediten soll Banken entlasten / SZ vom 24. April, Süddeutsche Zeitung, 12.05.2003, Ausgabe Deutschland, S. 9, Ressort: Leserbriefe
aus Börsen-Zeitung, 03.04.2003, Nummer 65, Seite 5

(14) Banken und Insolvenzen
aus Immobilien & Finanzierung - Der langfristige Kredit Nr. 11 vom 01.06.2003 Seite 374

(15) Wirtschaft steckt in der Kreditklemme
aus netzeitung.de vom 27.05.2003

Impressum

Kreditklemme bei deutschen Banken

Bibliografische Information der deutschen Nationalbibliothek

Die Deutsche Nationalbibliothek verzeichnet diese Publikation in der deutschen Nationalbibliografie; detaillierte bibliografische Daten sind im Internet über http://dnb.d-nb.de abrufbar.

ISBN: 978-3-7379-1152-8

© 2015 GBI-Genios Deutsche Wirtschaftsdatenbank GmbH, Freischützstraße 96, 81927 München, www.genios.de

Alle Rechte vorbehalten. Dieses Werk ist einschließlich aller seiner Teile – z.B. Texte, Tabellen und Grafiken - urheberrechtlich geschützt. Jede Verwertung außerhalb der Grenzen des Urheberrechtsgesetzes bedarf der vorherigen Zustimmung des Verlags. Dies gilt insbesondere auch für auszugsweise Nachdrucke, fotomechanische Vervielfältigungen (Fotokopie/Mikroskopie), Übersetzungen, Auswertungen durch Datenbanken oder ähnliche Einrichtungen und die Einspeicherung und Verarbeitung in elektronischen Systemen.